Lektion 1

1. a) Han heter Bergman i efternamn. b) Han bor i Lund. c) Hon heter Pernilla i förnamn. d) Hon kommer från Malmö. e) Malmö ligger i Sverige. f) Nu bor hon i Lund. g) Hon arbetar i Lund. h) Hon är Pers mamma. i) Nej, hon kommer från Eslöv. j) Claudia och Volker kommer från Tyskland. k) Ja, de talar svenska. l) Nej, de kommer från Bremen. m) Nu bor de hos Per. n) De är på semester i Sverige.

2. a) Vad heter du? b) Vad heter du i efternamn? c) Varifrån kommer du?/Var kommer du ifrån? d) Bor du i Malmö? e) Var ligger Lund? f) Vem är det? g) Vad/Vem är hon? h) Kommer hon från Lund? i) Varifrån kommer ni?/Var kommer ni ifrån? j) Var ligger Bremen? k) Var bor ni nu? l) Talar ni svenska?

6. a) Nej, jag heter inte Volker i förnamn. b) Nej, jag heter inte Persson i efternamn. c) Nej, jag kommer inte från Malmö. d) Nej, Malmö ligger inte i Tyskland. e) Nej, jag bor inte i Bremen nu. f) Nej, jag arbetar inte i Stockholm. g) Nej, det är inte min mamma. h) Nej, jag talar inte engelska. i) Nej, jag är inte på semester i Sverige nu.

7. Kreuzworträtsel

	[1]T	Y	[1]S	K	L	A	N	D
			[2]V	E	M			
[3]E	F	T	E	R	N	A	M	N
		[4]A	R	B	E	T	A	R
		[5]V	I	L	K	A		
	[6]J	A	G					
[7]S	E	M	E	S	T	E	R	

Lektion 2

1. a) De sitter i soffan hemma hos Per. b) De dricker kaffe och tittar i Pers fotoalbum. c) Per berättar lite om sin familj. d) Pers mamma heter Eva och hon är lärare. e) Pers pappa är kemist. f) De bor på Gotland. g) Nej, han är pensionär. h) Ja, han har två syskon: en syster och en bror. i) Han bor i Göteborg. j) Ja, han är gift, men de har inga barn./Ja, han har en fru men inga barn. k) Mona är Pers syster. l) Hennes man kommer från Norrland. m) Ja, hon har också en syster och en bror. n) Hon går i skolan. o) Han är bilmekaniker. p) Nej, hans bil är sönder.

Lektion 2/3

2. a) en soffa, soffan. b) ett foto, fotot. c) ett kort, kortet. d) en bror, brodern. e) ett barn, barnet. f) ett namn, namnet. g) en syster, systern. h) en skogsarbetare, skogsarbetaren. i) en förälder, föräldern. j) en skola, skolan. k) en bil, bilen.

3. a) Det är min soffa. b) Det är ditt efternamn. c) Det är vårt fotoalbum. d) Det är er familj. e) Det är hennes barn. f) Det är deras semester. g) Det är mina bröder. h) Det är hennes morfar. i) Det är hans kusiner. j) Det är våra barnbarn. k) Det är era syskon.

5. Barbro Alving: journalist. Max von Sydow: skådespelare. Carl von Linné: botaniker. Alfred Nobel: uppfinnare. Lennart Nilsson: fotograf. Evert Taube: musiker. Björn Borg: tennisspelare. Astrid Lindgren: författare. Ingmar Bergman: regissör. Ingemar Stenmark: skidåkare.

6. a) pappa. b) bröder/syskon. c) mamma. d) döttrar/barn. e) dotter. f) mormor. g) mormor. h) syskon. i) farfar. j) barnbarn. k) morföräldrar.

Lektion 3

1. a) Han studerar vid Lunds universitet. b) Nej, han har ingen egen lägenhet./Nej, han bor fortfarande hemma hos sina föräldrar. c) Det ligger på bottenvåningen. d) Det finns tre sovrum. e) Ja, det har de./Ja, de har ett garage. f) Den är liten. g) Ja, Claudia och Volker är på besök hos Bergmans. h) De tänker åka vidare norrut.

2. a) Nej, tavlan hänger på väggen. b) Nej, böckerna står i bokhyllan. c) Teven står i hörnet. d) Nej, duken ligger på bordet. e) Nej, ljusstaken står (på duken) på bordet. f) Nej, matbordet står i vardagsrummet. g) Stolarna står runt omkring bordet. h) Nej, skåpet med glas och porslin står vid väggen. i) Hans skrivbord står vid väggen mellan bokhyllorna. j) Nej, skrivbordsstolen står vid skrivbordet. k) Nej, hans personliga papper ligger i en låda under sängen. l) Nej, hans kläder ligger i byrålådorna och hänger i garderoben.

3. a) Mattan ligger på golvet under bordet. b) Vasen står på bordet. c) Per sitter vid skrivbordet. d) Lampan hänger i taket över bordet. e) Stolarna står runt omkring bordet. f) Bokhyllan står mellan högtalarna. g) Golvlampan står vid väggen bredvid soffan. h) I hörnet under fönstret står en fåtölj.

4. a) Man sover i sovrummet. b) Man lagar mat i köket. c) Teven står i vardagsrummet. d) Man badar i badrummet. e) Tvättmaskinen står i tvättstugan. f) Man kan sitta på balkongen. g) Man ställer bilen i garaget. h) Gästerna sover i gästrummet. i) På sommaren hänger man vinterkläderna i klädkammaren. j) Trappan leder från bottenvåningen till ovanvåningen. k) På sommaren sitter man gärna i trädgården.

5. a) på. b) i. c) på. d) i. e) vid. f) i. g) på. h) i/på. i) på. j) vid. k) i.

6. Kreuzworträtsel

	[2] M			[5] S			[8] F
[1] B	O	[3] K	[4] H	Y	[6] L	[7] L	A
A	S	U	E	S	U	Å	M
R	T	S	M	K	N	D	I
N	E	I	M	O	D	A	L
B	R	N	A	N			J
A							
R							
N							

7.

stol	stolen	stolar	stolarna
hus	huset	hus	husen
lampa	lampan	lampor	lamporna
bord	bordet	bord	borden
villa	villan	villor	villorna
flicka	flickan	flickor	flickorna
trädgård	trädgården	trädgårdar	trädgårdarna
universitet	universitetet	universitet	universiteten
bokhylla	bokhyllan	bokhyllor	bokhyllorna
vägg	väggen	väggar	väggarna
soffa	soffan	soffor	sofforna
fåtölj	fåtöljen	fåtöljer	fåtöljerna
hörn	hörnet	hörn	hörnen
tavla	tavlan	tavlor	tavlorna
duk	duken	dukar	dukarna
skåp	skåpet	skåp	skåpen
krukväxt	krukväxten	krukväxter	krukväxterna
rum	rummet	rum	rummen
säng	sängen	sängar	sängarna

Lektion 3/4

mamma	mamman	mammor	mammorna
bror	brodern	bröder	bröderna
namn	namnet	namn	namnen
bok	boken	böcker	böckerna
museum	museet	museer	museerna
land	landet	länder	länderna
dator	datorn	datorer	datorerna
pojke	pojken	pojkar	pojkarna
låda	lådan	lådor	lådorna
skogvaktare	skogvaktaren	skogvaktare	skogvaktarna
glas	glaset	glas	glasen
skola	skolan	skolor	skolorna
bil	bilen	bilar	bilarna
foto	fotot	foton	fotona

8. a) Den står vid väggen. b) Hon heter Eva. c) De är på besök hos Bergmans. d) De hänger på väggarna. e) Det står i rummet. f) Vi är syskon. g) Han heter Jonas.

9. a) Hans kläder hänger i garderoben. b) Hennes sambo (*Lebensgefährte*) heter Volker. c) Eva och Jonas är deras vänner. d) Vår mormor heter Sally. e) Vad heter ert barn?

10. a) Nu har Per ingen egen lägenhet. b) Fortfarande bor han hemma hos sina föräldrar. c) På Örnvägen i Lund har de en liten villa. d) Sedan åker de vidare norrut. e) Vid den ena väggen står soffan. f) En matta ligger på golvet under bordet. g) I fönstren står krukväxterna.

Lektion 4

1. a) Det är lördag. b) Eva kokar kaffe och sätter på tevatten. Jonas dukar frukostbordet. c) Han dricker kaffe. d) Han äter nästan alltid fil och flingor. e) Nej, det finns inte något bageri i närheten. f) Nej, hon äter Kalles kaviar. g) De åker in till stan och handlar mat till helgen. h) De handlar (grönsaker) på torget. i) Äpplena kostar 25 kronor kilot. j) De kommer från Sverige. k) De bär varorna till bilen och ställer in dem i bagageutrymmet. l) Sedan går de iväg till varuhuset.

2. a) Dricker du kaffe eller te? b) Jag dricker kaffe, utan kaffe vaknar jag inte. c) Var snäll och räck mig smöret!/Räck mig smöret, är du snäll! d) Skulle jag kunna få osten? e) Jonas, var snäll och hämta mjölk och socker! f) Mjölken är i kylskåpet,

sockret står på bordet. g) I Tyskland äter man färska frallor till frukost. h) Jag äter flingor med fil(-mjölk) i dag. i) Fil(-mjölk) och kaviar finns inte i Tyskland. j) I dag är det torghandel på Mårtenstorget i Lund. k) På torget finns det många (grönsaks-)stånd. l) Jonas och Eva tittar på varorna på torget. m) Vad får det lov att vara? n) Var det bra så? o) Ja, tack, det var allt. p) Det blir tvåhundrafemtiotre kronor.

3. God morgon. Vad får det lov att vara?
   God morgon. Vad kostar äpplena?
   Äpplena kostar 15 kronor kilot.
   Då tar jag ett halvt kilo, de ser fina ut.
   Var så god. Någonting mer?
   Tack, det var bra så.
   Tack så mycket och trevlig helg.
   Tack detsamma. Hejdå.

4. a) Koka kaffe! b) Ropa på de andra! c) Drick aldrig vatten! d) Ät fil och flingor! e) Åk till stan! f) Var snäll! g) Ha det trevligt! h) Gå runt på torget! i) Vakna på morgonen! j) Kom hem! k) Lägg äggen i påsen! l) Ställ varorna i bagageutrymmet! m) Studera vid universitetet! n) Stanna några dagar! o) Ligg på sängen!

5. a) sjuttio b) femhundrasex c) etthundrafemtiosju d) ettusenfyrahundraochnittio e) ettusensjuhundrafyra f) sexhundratrettioåtta g) sjuhundraåttio h) trehundratvå i) tvåhundraåttiofyra j) ettusentvåhundrafyrtio k) fyrahundrasjuttiofyra l) ettusensjuttiofem

6. a) femton komma sju b) tjugofem komma sju c) hundranittio d) sextiosju komma fyra e) femtio komma sex f) femtioåtta komma åtta g) tjugonio komma åtta h) trettio komma två i) trettiotre komma sex j) tjugofem komma fem k) tjugoåtta komma fyra

7. a) Jag bor inte i Sverige. b) Jag arbetar inte i Tyskland. c) Jag är inte på semester. d) Jag kommer inte till Lund. e) Jag sitter inte i soffan! f) Jag hänger inte i taklampan. g) Jag står inte på bordet. h) Jag har inte någon trevlig helg. i) Jag ser inte snäll ut. j) Jag sätter inte på kaffet. k) Jag handlar inte mat till helgen. l) Jag tackar inte för maten. m) Jag kör inte hem nu. o) Jag hyr inte lägenheten.

8. a) Hon … dem ... det b) De … den c) hon d) Vi … det e) henne … det f) Han … honom g) Vi … er h) ni … oss i) De … dem j) De … dem

9. sjutton plus arton är lika med trettiofem
   hundratjugo delat med tjugofyra är lika med fem
   femtiosju plus sextioåtta är lika med hundratjugofem
   sjuttiosju plus tjugosju är lika med hundrafyra
   sju gånger sjutton är lika med hundranitton
   tretton gånger sjutton är lika med tvåhundratjugoett
   hundraelva delat med tio är lika med elva
   sextioåtta minus tjugotre är lika med fyrtiofem

Lektion 4/5

arton minus åtta är lika med tio
sjuhundrasjuttiosju delat med sju är lika med hundraelva

10.

		s	j	u				
	n	e	l	v	a	f	e	m
	i	x	t		e	y		
t	o	l	v		t	r	e	
i			å	t	t	a		
o								

Lektion 5

1. a) De reser till Stockholm. b) De sitter i vardagsrummet och småpratar. c) Först är det ett musikprogram, och sedan kommer nyheterna. d) Det sitter en skäggig man ute på bänken. e) Han har en hund med sig. f) Hon är bara nio år gammal. g) Hon är ganska liten till växten. Hon har rött hår. Håret är flätat i två styva flätor. Hon har gröna ögon och massor av fräknar. h) Hon har en kort klänning, ett randigt förkläde, en svart strumpa på det ena benet, en röd strumpa på det andra benet och stora svarta kängor. i) Det är hennes apa, som heter Herr Nilsson. j) Det heter Villa Villekulla. k) Han ser snäll ut. (Han har kort, ljust hår och blå ögon.) l) Han var dum mot tomten på gården, och därför är han så liten. m) Han reser på ryggen av en gås.

2. a) Jonas sitter i köket och Eva är i vardagsrummet. b) Radion står på. c) Efter nyheterna kommer ett vackert musikprogram. d) Eva tittar ut genom fönstret. e) Där ute sitter en skäggig man på bänken. f) Han har svarta byxor och en svart kavaj på sig. g) Han har blont hår och blå(a) ögon. h) Han har en svart väska med sig. i) Pippi är otroligt stark. j) Hon bor ensam i Villa Villekulla. k) Hon har gröna ögon och två röda flätor. l) Hon har en liten apa och en stor häst.

3a. a) en billig bil b) ett dyrt vin c) söta flickor d) ett glatt barn e) glada pojkar f) ett rött hus g) ett fint bord h) stora träd i) ett blått band j) nya böcker k) ett litet barn

3b. a) den billiga bilen b) det dyra vinet c) de söta flickorna d) det glada barnet e) de glada pojkarna f) det röda huset g) det fina bordet h) de stora träden i) det blå(a) bandet j) de nya böckerna k) det lilla barnet

3c. a) Bilen är billig. b) Vinet är dyrt. c) Flickorna är söta. d) Barnet är glatt. e) Pojkarna är glada. f) Huset är rött. g) Bordet är fint. h) Träden är stora. i) Bandet är blått. j) Böckerna är nya. k) Barnet är litet.

Lektion 5/6

4. a) röd, grönt. b) gula c) stort d) grönt, vita, gula, röda. e) brunt, vit, gröna. f) glada. g) glada. h) glada. i) dyrt, gamla, billig.

5. a) litet. b) lilla. c) liten. d) lilla. e) litet, små. f) små. g) lilla, lilla, små.

7. Kreuzworträtsel

				^{1}G	O	D			
		^{2}T	O	R	G				
			^{3}L	Ö	K				
		^{4}H	A	N	D	L	A		
				^{5}S	O	C	K	E	R
			^{6}K	A	F	F	E		
				^{7}K	O	K	A		
			^{8}T	E					
^{9}B	A	G	E	R	I				

8. a) Nej, det är hon inte. b) Ja, det är hon. c) Nej, det har hon inte. d) Ja, det har hon. e) Nej, det är de inte. f) Nej, det har hon inte. g) Ja, det har hon. h) Nej, det är hon inte. i) Nej, det är hon inte. j) Nej, det gör hon inte. k) Nej, det är han inte. l) Ja, det har hon. m) Ja, det gör han. n) Ja, det gör hon. o) Ja, det har hon.

10. a) Jo, det är det. b) Nej, det gör de inte. c) Ja, det gör de. d) Jo, det gör han. e) Ja, det är de. f) Jo, det gör det. g) Nej, det gör de inte. h) Ja, det gör de. i) Jo, det gör de. j) Nej, det har den inte. k) Nej, det är han inte. l) Jo, det har han. m) Ja, det vill den. n) Jo, det gör det. o) Nej, det är det inte.

Lektion 6

1. a) Nej, han är morgonpigg. b) Han duschar och rakar sig. c) Han lagar frukost. d) Han lyssnar på nyheterna på radion. e) Nej, det gör han inte. Han stiger upp (klockan) halv åtta. f) De går hemifrån strax före åtta. g) De börjar aldrig före (klockan) kvart över nio. h) Nej, de äter lunch var för sig. i) Hans arbete slutar klockan fem. j) Nej, hon sitter ofta kvar på skolan. k) Han sitter på biblioteket och pluggar. l) De äter middag vid sextiden på kvällen. m) Han lagar mat på måndagarna. n) På fredagarna städar de. o) På lördagarna åker de in till stan och handlar. p) Jag vet inte. Kanske lagar de mat tillsammans på fredagarna, lördagarna och söndagarna. Kanske turas de om med matlagningen.

2. 1. Hej, är Krister hemma?
c. Ja, det är han.

2. Kan jag få tala med honom?
f. Ja, ett ögonblick. Jag ska ropa på honom.
3. Hej, Krister. Hur har du det?
a. Jodå, det knallar och går. Och själv då?
4. Bara bra, tack. Ska vi gå på bio i kväll?
h. Det beror på. Vilken film vill du se?
5. Det går en bra film på Grand.
d. Vad heter den?
6. "Semesterresan". Det är en svensk komedi.
g. Det låter bra. Hur dags börjar den?
7. Den börjar klockan halv åtta. Följer du med?
b. Ja, det passar fint. När ska vi träffas?
8. Vi kan väl ses utanför biografen kvart över sju.
e. Okej. Då ses vi kvart över sju. Hej då!

3. "Hej, det är Björn. Kan jag få tala med Åsa?"
"Ja visst, ett ögonblick."
"Hej Åsa, hur mår du?"
"Hej Björn, jag mår bara bra, tack. Hur har du det själv?"
"Bra. Vill du gå på bio i kväll? Det går en ny Bergman-film."
"Ja gärna. Hur dags börjar den?"
"Ett ögonblick. I dag är det torsdag, då börjar den klockan kvart i sex, halv åtta och halv elva."
"Jag måste gå upp klockan sju på fredagarna. Jag går helst (klockan) halv åtta."
"Bra, då hämtar jag dig kvart i sju."
"Okej. (Vi säger så.) Vi ses! Hej då!"

4. a) mig. b) sig. c) dig. d) sig. e) oss. f) er. g) er. h) oss. i) dig. j) mig. k) sig. l) sig. m) sig. n) sig.

5. a) sig, honom. b) sig, henne. c) sig, dem. d) er, er. e) henne, den.

7. (Es muß immer eine Verbform direkt nach den angegebenen Wörtern folgen!)

9. *Beispiele*:
a) Prickig är fel. Det är ingen färg. b) Vecka är fel. Det är ingen del av dagen. c) Rolig är fel. Det är inget nationalitetsord. d) Kortklippt är fel. Det är ingen inre egenskap. e) Hund är fel. Det är inget verb. f) Äter är fel. Det betecknar inte någon position. g) Bil är fel. Det är inget klädesplagg. h) Fåtölj är fel. Det är inget fordon. i) Väska är fel. Det är inget som man kan tala i eller lyssna på. j) Vän är fel. Vänner är man inte släkt med. k) Potatis är fel. Det är inget smörgåspålägg. (alternativ: Korv är fel. Det är inte vegetabiliskt.)
Falls Sie nicht alle Wörter in den Begründungen verstehen, schlagen Sie bitte im Wörterverzeichnis nach.

Lektion 7

1. a) Fåglarna kvittrar och vårblommorna blommar. På träden börjar de första gröna löven spricka ut. b) Det är vackert: solen skiner och himlen är blå och nästan molnfri. c) Första gången är Eva inte hemma, men andra gången får Katarina tala med Eva. d) Hon vill bjuda Eva och Jonas på middag. e) Då fyller Evas svärfar åttio år. f) Då åker de (den) till Gotland. g) De ska träffas på pingstaftonen.

2. a) Hej, hur mår du? b) Bra, tack, och själv då? c) Kan jag få tala med Jonas? d) Människorna i parken njuter av solen. e) Solen skiner, och himlen är nästan molnfri. f) Ibland måste man också ta det lite lugnt. g) Kan ni komma i pingst? h) På tal om något helt annat: vad gör ni i påsk? i) Jag ska titta efter i almanackan. j) Jag ska fråga min fru. k) Jag ska hälsa från henne. l) Då säger vi så. Ni kommer nästa vecka. m) Tack för inbjudan, men vi är tyvärr upptagna. n) Vi kan ses/träffas i pingst, om inte förr.

3. a) Han fyller år den andra april/den andra i fjärde. b) De gifte sig den sjuttonde mars/den sjuttonde i tredje nittonhundranittiofyra. c) Gustaf II Adolf dog den sjätte november/den sjätte i elfte sextonhundratrettiotvå. d) Julafton firas den tjugofjärde december/den tjugofjärde i tolfte varje år. e) Midsommarafton brukar vara omkring den tjugoförsta juni/den tjugoförsta i sjätte.

6. a) Han bör dricka vatten. b) De ska vara mycket goda. c) Vi vill ta ett kilo äpplen. d) De måste vara fina. e) Kan du lägga påsen överst? f) Vad vill ni dricka på morgonen? g) Ska vi ha någon korv? h) Vill du komma med på bio? i) Kan jag få Pers hemliga papper? j) Böckerna bör stå i bokhyllan.

7.

[sk]	[ɧ]	[k]	[ç]	[g]	[j]
skåp	generös	kaffe	kemist	gå	gärna
sko	skägg	katt	känd	gammal	gästrum
skola	sjuk	kavaj	känga	gång	gift
	själv	klocka	kilo	ganska	gissa
	skämta	ko	kök	gås	göra
	skinka	komma	köpa	glad	
	skiva	kopp	köra	glas	
	skjorta			gurka	
	skymma				
	skynda				

8. a) Det blir vår snart. b) Talar jag med Katarina? c) Ber jag att hon ringer? d) Jag försöker igen lite senare. e) Det säger jag till henne. f) Man sitter bara ute och njuter. g) Man hinner ju inte allt. h) Så pratar vi lite. i) Jag tittar i almanackan. j) Kommer ni helgen därpå? k) Det gör jag.

Lektion 8

1. a) De åkte på onsdagen den elfte maj. b) De går från Oskarshamn och Nynäshamn. c) På nätterna varar överfarten i fem timmar. (På dagarna tar den fyra timmar.) d) Nej, det är en ganska stor ö. e) De är mycket intresserade av trädgårdsskötsel. f) Han föddes för femtiofem år sedan. g) Han är kemist på ett läkemedelsföretag i Lund. h) Den heter Visby. i) Nej, förr reste de ofta, men numera orkar de inte resa så mycket. j) Han och Astrid mår ganska bra. De bor kvar i sitt hus och klarar sig själva. De har barn och barnbarn, som också har det ganska bra.

2. a) De levde på en stor ö. b) För en vecka sedan åkte de till Oskarshamn. c) De tog nattfärjan till Visby. d) Han vaknade ganska sent. e) För tjugo år sedan flyttade de hit. f) Hon brukade sova länge. g) Redan som liten pojke var han intresserad av bilar. (... intresserade han sig för bilar.) h) Förr reste de mycket. I dag/Numera stannar de hellre hemma. i) De hade en hytt under resan. j) Hjärtliga lyckönskningar/gratulationer på födelsedagen!

3. a) Vädret måste bli vackert. b) Brukar du gå upp tidigt? c) Vi vill sitta på verandan. d) Får jag öppna fönstret? e) Nu i sommar tänker vi resa till Gotland. f) En annan gång kan vi hinna (med) allt.

4.

Infinitiv	*Präsens*	*Präteritum*	*Supinum*
anlända	anländer	anlände	anlänt
arbeta	arbetar	arbetade	arbetat
blunda	blundar	blundade	blundat
bo	bor	bodde	bott
bruka	brukar	brukade	brukat
bygga	bygger	byggde	byggt
börja	börjar	började	börjat
flytta	flyttar	flyttade	flyttat
gifta	gifter	gifte	gift
glänta	gläntar	gläntade	gläntat
gnugga	gnuggar	gnuggade	gnuggat
ha	har	hade	haft
hälsa	hälsar	hälsade	hälsat
hurra	hurrar	hurrade	hurrat
höra	hör	hörde	hört
klara	klarar	klarade	klarat
känna	känner	kände	känt
köpa	köper	köpte	köpt
köra	kör	körde	kört
leva	lever	levde	levt
lyssna	lyssnar	lyssnade	lyssnat
läsa	läser	läste	läst
må	mår	mådde	mått
odla	odlar	odlade	odlat
orka	orkar	orkade	orkat

plantera	planterar	planterade	planterat
resa	reser	reste	rest
skramla	skramlar	skramlade	skramlat
stanna	stannar	stannade	stannat
titta	tittar	tittade	tittat
tycka	tycker	tyckte	tyckt
tänka	tänker	tänkte	tänkt
åka	åker	åkte	åkt
vakna	vaknar	vaknade	vaknat
vara (*sein*)	är	var	varit
vara (*dauern*)	varar	varade	varat
verka	verkar	verkade	verkat
viska	viskar	viskade	viskat
växa	växer	växte	växt
önska	önskar	önskade	önskat

5. a) Jag har redan lyssnat på den. b) Jag har redan hälsat på henne. c) Jag har redan gratulerat dem. d) Jag har redan hurrat för det (eller: honom/henne). e) Jag har redan gift mig med henne. f) Jag har redan gnuggat dem. g) Jag har redan gläntat på den. h) Jag har redan blundat med dem. i) Jag har redan arbetat med den. j) Jag har redan odlat dem. k) Jag har redan köpt en/den. l) Jag har redan tänkt på dig. m) Jag har redan tittat på den.

6. a) åkte/reste. b) körde/åkte. c) träffade. d) hälsade. e) gifte, flyttade. f) sa/sade, hade. g) var. h) åkte/körde, lyssnade/hörde/var. i) stannade/var. j) lyssnade/hörde, tittade, pratade.

8.

a) liten	3. stor
b) glad	7. ledsen
c) sjuk	8. frisk
d) bra/utmärkt	10. dålig/usel
e) vacker/fin	12. ful
f) hel	13. trasig/sönder
g) trött	4. pigg
h) vanlig	9. ovanlig
i) snäll	1. stygg/elak
j) full	2. tom/nykter
k) bekant/känd	6. obekant/okänd
l) trevlig	11. otrevlig
m) gammal	5. ung/ny

Lektion 9

1. a) De lekte i sanden och letade efter snäckor och vackra stenar. b) De drack kaffe på stranden. c) Sedan åkte de till Villa Villekulla. d) Per klippte gräset, Anna och Mona lagade middagen, Jens och Mats dukade bordet och gjorde i ordning kakor och

tårtor, Astrid och Paul tog det lugnt och vilade sig. e) Hon ville höra en saga. f) Kung Valdemar Atterdag från Danmark brandskattade Visby. g) En flicka var förälskad i kungen och släppte in honom och hans män. h) Hon vill hitta skatten. i) Man ställde upp stora, tomma öltunnor på torget. Borgarna i Visby skulle fylla tunnorna med guld, silver och ädla stenar.

2. a) De gick till stranden och drack kaffe. b) Flickorna letade efter snäckor. c) De tog bilen och åkte till Pippis hus. d) Jens klippte gräset och Anna dukade bordet. e) På 1300-talet kom den danska/danske kungen med många krigsskepp till Gotland. f) Skeppet med skatten sjönk någonstans utanför Gotland.

3. a) Jag lånade en cykel, som var blå. b) Vi hyrde en stuga, som var röd. c) Vi såg ett hus, som var Pippis. d) De hittade snäckor, som var vackra. e) Hon ville höra en saga, som handlade om Gotland. f) På Gotland härjade en kung, som hette Valdemar Atterdag. g) De ställde upp ölfat, som var tomma. h) Utanför Gotland sjönk skeppet, som skulle transportera skatten. i) Hon skrev ett brev, som var ganska kort. j) De gjorde en resa, som varade (i) en vecka.

4.

Infinitiv	*Präsens*	*Präteritum*	*Supinum*
bli	blir	blev	blivit
dricka	dricker	drack	druckit
finnas	finns	fanns	funnits
fortsätta	fortsätter	fortsatte	fortsatt
få	får	fick	fått
gå	går	gick	gått
göra	gör	gjorde	gjort
inta(ga)	intar	intog	intagit
komma	kommer	kom	kommit
kunna	kan	kunde	kunnat
ligga	ligger	låg	legat
låta	låter	lät	låtit
lägga	lägger	lade	lagt
–	måste	måste	måst
se	ser	såg	sett
sjunga	sjunger	sjöng	sjungit
sjunka	sjunker	sjönk	sjunkit
skola	ska(ll)	skulle	skolat
slåss	slåss	slogs	slagits
smyga	smyger	smög	smugit
sova	sover	sov	sovit
sprida	sprider	spred	spridit
stiga	stiger	steg	stigit
stå	står	stod	stått
säga	säger	sade	sagt
sälja	säljer	sålde	sålt
sätta	sätter	satte	satt

ta	tar	tog	tagit
vara	är	var	varit
veta	vet	visste	vetat
vilja	vill	ville	velat
äta	äter	åt	ätit

5. a) Hon är på stranden. Var hon på stranden i går? Nej, hon har varit på stranden i dag. b) Det är kallt i vattnet. Var det kallt i vattnet i går? Nej, det har varit kallt i vattnet i dag. c) De leker i sanden. Lekte de i sanden i går? Nej, de har lekt i sanden i dag. d) De letar efter snäckor. Letade de efter snäckor i går? Nej, de har letat efter snäckor i dag. e) Eva dricker kaffe. Drack hon kaffe i går? Nej, hon har druckit kaffe i dag. f) Flickorna äter glass. Åt de glass i går? Nej, de har ätit glass i dag. g) Pippis säng finns i Villa Villekulla. Fanns den i Villa Villekulla i går? Nej, den har funnits där i dag. h) Per klipper gräset. Klippte han gräset i går? Nej, han har klippt det i dag. i) Anna lagar maten. Lagade hon maten i går? Nej, hon har lagat den i dag. j) Mats dukar bordet. Dukade han bordet i går? Nej, han har dukat det i dag. k) Jens gör i ordning tårtor. Gjorde han i ordning tårtor i går? Nej, han har gjort i ordning dem i dag. l) Astrid kokar kaffe. Kokade hon kaffe i går? Nej, hon har kokat det i dag. m) Emma sitter hos Paul. Satt hon hos Paul i går? Nej, hon har suttit hos honom i dag. n) Hon berättar om Pippi Långstrump. Berättade hon om Pippi Långstrump i går? Nej, hon har berättat om henne i dag. o) Hon vill höra en saga. Ville hon höra en saga i går? Nej, hon har velat höra en saga i dag.

6. a) Det är något, som man kan köra/åka med. b) Det är något, som man kan sitta i. c) Det är något, som man kan leta efter. d) Det är något, som man kan dricka kaffe eller te ur. e) Det är något, som man kan läsa i. f) Det är något, som man kan skriva på. g) Det är något, som man kan hänga (upp) kläder i. h) Det är något, som man kan åka med. i) Det är något, som man kan sitta på. j) Det är något, som man kan ha kaffe, saft och bullar i. k) Det är något, som man kan ha saker i. l) Det är något, som man kan titta med (läsa med, se med). m) Det är något, som man kan ligga i (eller på.) n) Det är något, som man kan dricka saft ur. o) Det är något, som man kan ha saft i. p) Det är något, som man kan gå på. q) Det är något, som man kan köra/cykla/gå på. r) Det är något, som man kan simma eller dyka i. (eller åka färja på.) s) Det är något, som man kan studera vid. (eller på) t) Det är något, som man kan titta ut genom.

7.

a)	underbar	10. förskräcklig/hemsk
b)	mörk	7. ljus
c)	tidig	6. sen
d)	rolig/spännande	2. (lång-)tråkig
e)	smal	15. tjock/bred
f)	lång	8. kort
g)	vanlig	14. ovanlig
h)	prydlig/städad	13. slarvig/ostädad
i)	styv	12. slapp
j)	rak	9. krokig

k) molnfri — 1. molnig/mulen
l) sann — 5. falsk
m) rätt — 11. fel
n) tyst/stilla — 3. stökig/ljudlig
o) upptagen — 4. ledig

Lektion 10

1. a) Per svarar i telefonen. b) Hon har försökt få tag på honom i ett par dagar. c) Hon har ringt till honom flera gånger. d) Han hade tänkt hjälpa Per med hans bil. e) Han har sålt bilen. f) Han har helt enkelt glömt (bort) att berätta det för henne. g) Nej, hon har inte varit där på ganska många år. (Nej, hon var där för ganska många år sedan.) h) Det har varit vackert i flera dagar. i) Hon har varit där i dag. j) Han behöver komma ut och röra på sig. Han vill be om ursäkt för det där med bilen. Han vill tacka för hjälpen med bilen. k) Nej, det kan hon inte. Hon är upptagen.

2. a) Vi har precis/just kommit/hunnit innanför dörren. b) Kan du svara i telefonen? c) Jag har försökt få tag på dig i ett par dagar. d) Jag har ringt dig flera gånger. e) Oj då, har det hänt något/någonting? f) Jag är ledsen. g) Jag har helt enkelt glömt (bort) att berätta det för dig. h) Det gör inget/ingenting. i) Det spelar ingen roll/inte någon roll. j) Nu har jag inte varit där på länge. k) Hur har du haft det på sistone? l) Ska vi inte gå ut och ta/dricka en öl i kväll? m) Jag bjuder (dig). n) Det går tyvärr inte. o) Jag är upptagen i kväll. p) Jag måste sluta nu. q) Ha det så bra.

3. a) in b) inne c) ut d) ut e) ut f) ute g) ute h) in i) inne, ute j) in k) inne l) ute m) ut n) hemma. o) bort p) bort, hem q) hemma. r) Borta, hemma s) bort t) borta u) upp, ner v) Nere w) upp x) uppe y) Uppe z) upp å) hit, här ä) Dit. ö) här aa) hit bb) framme cc) fram

4. a) har varit b) föddes c) såg d) vaknade e) har flugit f) reste g) var h) bodde i) tog j) har regnat k) sålde l) fyllde m) försökte n) sjönk o) har cyklat

5. a) När jag har gått in i badrummet, duschar jag. b) När jag har duschat, lagar jag frukost. c) När jag har lagat frukost, äter jag. d) När jag har ätit, diskar jag. e) När jag har diskat, klär jag på mig. f) När jag har klätt på mig, åker jag buss till jobbet. g) När jag har kommit fram till jobbet, arbetar jag fram till lunch. h) När jag har arbetat fram till lunch, tar jag en lunchrast och går ut och äter. i) När jag har varit och ätit, sitter jag och jobbar till klockan tre j) När jag har suttit och jobbat till kl. 3, dricker jag kaffe. k) När jag har druckit kaffe, ringer jag till mamma. l) När jag har ringt till mamma, tittar jag ut genom fönstret. m) När jag har tittat ut genom fönstret, skriver jag lite till. n) När jag har skrivit lite till, är det dags att åka hem.

6. a) När jag hade gått in i badrummet, duschade jag. b) När jag hade duschat, lagade jag frukost. c) När jag hade lagat frukost, åt jag. d) När jag hade ätit, diskade jag. e) När jag hade diskat, klädde jag på mig. f) När jag hade klätt på mig, åkte jag buss till jobbet. g) När jag hade kommit fram till jobbet, arbetade jag fram till lunch. h) När jag hade arbetat fram till lunch, tog jag en lunchrast och gick ut och åt. i) När

jag hade varit och ätit, satt jag och jobbade till klockan tre. j) När jag hade suttit och jobbat till kl. 3, drack jag kaffe. k) När jag hade druckit kaffe, ringde jag till mamma. l) När jag hade ringt till mamma, tittade jag ut genom fönstret. m) När jag hade tittat ut genom fönstret, skrev jag lite till. n) När jag hade skrivit lite till, var det dags att åka hem.

7. a) Vad har du sålt? b) Vem har ringt i flera dagar? c) Vem har Pernilla varit vid Ringsjön med? d) När är du upptagen? e) Hur länge har vädret varit vackert? f) Vad åkte Bergmans med? g) Var har jag varit någon gång? h) Hur länge/När har du suttit stilla? i) Vad har ni firat? j) Vad gör det inte? k) När var det? l) Vart åkte de från Lund? m) Vad ska vi göra i kväll? n) Vad ska du bli? o) Vad har du köpt?

8. *Vorschlag*:
Älskade Verner!
Tack för senast! Det var så underbart att träffa dig. Jag ska aldrig glömma våra dagar tillsammans på stranden. Havet, solen, sanden. Allt var så vackert och romantiskt. Nu har vi inte träffats på flera veckor. Det känns som flera år. Jag saknar dig hemskt mycket. Saknar du mig också lite grann?
Skriv snart, eller kom hit själv, är du snäll!
Tusen kyssar och kramar.
Din egen Karin

9. Minikorsord

[1]B	L	I
O		

vågrätt: 1 werden
lodrätt: 1 wohnen

	[2]G
[1]B	E

vågrätt: 1 bitten
lodrätt: 2 geben

	[2]F
[1]G	Å

vågrätt: 1 gehen
lodrätt: 2 bekommen

[1]S	E
Y	

vågrätt: 1 sehen
lodrätt: 1 nähen

	[2]S
	T
[1]M	Å

vågrätt: 1 sich fühlen
lodrätt: 2 stehen

	[2]T
[1]H	A

vågrätt: 1 haben
lodrätt: 2 nehmen

Lektion 11

1. a) De skriver uppsatser om framtiden. b) Han tänker gå in för skolan. c) Han tänker gå ut gymnasiet, göra lumpen och ta körkort. Därefter vet han inte riktigt. d) Han tänker bo i en röd stuga på landet. e) Hon tänker fortsätta på gymnasiet. f) Hon tänker fortsätta på universitetet. Hon vill bli meteorolog.

g) Tankarna på krig, svält och katastrofer, miljöförstöring och kärnvapen gör Stina orolig. h) Han tycker att freden är viktigast.

2. a) I kväll kommer jag att vara mycket hungrig. b) I sommar åker vi till morföräldrarna/farföräldrarna på Gotland. c) Om en vecka börjar terminen. d) I kväll går jag på teater. e) Kommer du (hem) till mig på söndag morgon? f) Nej, på söndag morgon kommer jag att gå till/i kyrkan. g) Min bil står där borta, bland de andra bilarna. h) Jag har glömt mina böcker på bussen. i) I jul/Till julen kommer vi att vara hemma. j) Bland annat får jag en bok. k) De svåra uppgifterna kommer jag att/ska jag/tänker jag göra sist.

3. a) kommer ... att regna. b) Tänker ... ta ...? c)... tänker/ska ... bli, ...? d) Ska/Tänker ... göra ...? e) Ska/Tänker ... se ...? f) IFK Göteborg kommer ... att vinna .... g)... tänker flytta .... h)... kommer ... att få .... i) ...åker/ska åka/tänker åka .... j)... tänker/ska börja ....

4a. a) nicht b) nur c) auch d) gern e) leider f) natürlich g) natürlich, selbstverständlich h) also i) eigentlich j) immer k) oft l) nie m) wirklich n) vielleicht o) immer noch p) bald q) selten r) schon

4b. *Beispiele:*

a) Ja, jag äter alltid frukost på morgnarna. b) I kväll tänker jag inte titta på fotboll på TV. c) På fredagarna städar jag alltid hela huset. d) Nej, jag går sällan på teater eller konsert. e) Ja, det är verkligen en god idé. f) Nej, då är jag tyvärr upptagen. g) Ja, jag bor fortfarande kvar på min gamla adress. h) Tack, jag mår bara bra. i) Ja, jag sjunger ofta i badrummet. j) Ja, jag spelar naturligtvis schack. k) Nej, jag har aldrig dansat. l) Ja, jag åker förstås till Sverige i sommar. m) Nej, jag tycker inte om klassisk musik. n) Nej, jag spelar tyvärr inte något instrument. o) Jag tänker snart gå och äta middag.

5. a) Vem är personen bredvid dig? b) Hur mår du i dag? c) Varför är du (inte) trött i dag? d) Vilka språk talar du? e) Vilken månad kommer efter februari? f) Vad heter veckodagarna på svenska? g) Vilket år är det nu? h) Varifrån kommer du?/ Var kommer du ifrån? i) Var bor du? j) Vart åker du gärna på semester/n? k) När fyller du år? l) Hur dags börjar svenskkursen? m) Hur länge har du lärt dig/läst svenska? n) Hur ofta köper du blommor? o) Hur långt är det från Lund till Stockholm? p) Hur många syskon har du? q) Vad gör du gärna? r) Hur mycket kostar ett frimärke för ett vykort till Tyskland?

6. *Beispiele:*

a) Det är Corinna Meier. b) Jag mår inte särskilt bra i dag. c) Jag är trött. Jag har inte sovit särskilt gott i natt. d) Jag talar tyska, engelska, lite franska och lite svenska. e) Mars kommer efter februari. f) De heter måndag, tisdag, onsdag, torsdag, fredag, lördag och söndag. g) Nu är det år .... h) Jag kommer från Düsseldorf. i) Jag bor i Freiburg. j) Jag åker gärna till Medelhavet. k) Jag fyller år den tjugosjätte september. l) Den börjar klockan kvart över fyra. m) Jag har läst svenska i sex månader. n) Jag köper blommor en gång i veckan. o) Det är ungefär sextio mil (sexhundra kilometer) från Lund till Stockholm. p) Jag har två syskon. q) Jag promenerar, läser, cyklar och reser gärna utomlands. r) Det kostar ....

Lektion 12

1. a) Den utspelar sig hemma hos Bergmans klockan sex på kvällen på pingstaftonen. b) Han hade tänkt titta på fotboll på teve. c) De ska vara hos Katarina och Patrick klockan sju. d) De ska äta middag hos dem. e) Han tycker om den. f) Hon tycker att han ska ta på sig de nya ljusa byxorna och linnekavajen. g) Katarinas arbetskamrat Camilla kommer också att vara där. h) Nej, det tror jag inte. Han har bara skalat potatisen. i) Hon känner sig ensam. j) Nej, hon har (det) tråkigt på kvällarna. k) De andra tycker att hon ska börja med någon hobby. l) Förut räckte det med jobbet, hemmet och Kurt.

2. a) Tänker du titta på teve hela kvällen? b) Ja, det hade jag egentligen tänkt. c) Jag tror att det kommer en spännande film. d) Skämt åsido, vi måste göra oss i ordning. e) Katarina och Patrick har bjudit oss på middag. f) Jag tycker att den här bruna jackan/denna bruna jacka inte är så snygg. g) Jag tycker heller inte om den bruna jackan. h) Varför tar du inte linnekavajen? Den är sportig och elegant. i) Tycker du att jag ska ta den svarta klänningen? j) En sådan klänning har jag också. k) Jag tycker att du ska börja på en magdanskurs/en kurs i magdans. l) Maten var mycket god. Tack så mycket! m) Det var roligt att höra. n) Jag har inte tid med någon hobby. o) Jag har heller inte (någon) tid.

3. a) God, gott b) god c) gott d) kära e) kärt f) långsamt g) långsamma h) sent i) sen j) sena k) högt l) gamla, särskilt höga m) särskilda n) fint, gammalt

4a. a) faktisch, tatsächlich b) sicher c) anscheinend, offensichtlich d) sofort e) praktisch f) wahrlich, in der Tat g) immer h) außerdem i) übrigens j) gar nicht k) endlich l) kaum m) wohl n) wahrscheinlich o) wahrscheinlich p) vermutlich q) wohl r) absolut s) ja, doch t) mindestens u) nicht einmal

4b. a) Han köper säkert en födelsedagspresent till dig. b) Det blir antagligen en överraskning. c) Varför ser du inte alls glad ut? d) Kan du komma hit genast?/ Kan du genast komma hit? e) Du är väl ny här i staden? f) Han orkar inte ens berätta en saga. g) I Frankrike har jag faktiskt varit. h) Det har tydligen flyttat in en ny familj i huset bredvid vårt. i) Potatisen har han åtminstone skalat. j) Erik tänker i själva verket arbeta som grodman. k) Du har knappast sagt någonting på hela dagen. l) Till jobbet cyklar jag praktisk taget varje dag.

5. *Beispiele:*

a) Jag tycker att du ska köpa dig nya kläder. b) Jag tycker att du ska skaffa dig en hobby och träffa lite folk. c) Jag tycker att du ska äta en smörgås och dricka ett glas mjölk. d) Jag tycker att du ska ta det lugnt och inte stressa så mycket. e) Jag tycker att du ska börja idrotta eller börja på en kvällskurs. f) Jag tycker att du ska ta en promenad först, så att du blir pigg och orkar göra läxorna sedan. g) Jag tycker att du ska lära dig tyska. Jag tycker att du ska läsa tyska på en kurs. h) Jag tycker att du ska köpa en karta över staden/en stadskarta.

6. a) Köp dig nya kläder! b) Skaffa dig en hobby och träffa lite folk! c) Ät en smörgås och drick ett glas mjölk! d) Ta det lugnt och stressa inte så mycket! e) Börja idrotta eller börja på en kvällskurs! f) Ta en promenad först! g) Lär dig tyska! Läs tyska på en kurs! h) Köp en stadskarta!

7. a) Tycker du om jazz? b) Tänker du åka till mormor på måndag? c) Tycker du att den här röda klänningen är vacker? d) Tror du att det regnar/kommer att regna i morgon? e) Tror du att de gifter sig/kommer att gifta sig till våren? f) Tänker du klippa håret kort? g) Tror du att det bor sju miljoner människor i Norge? h) Tror du att filmen, som vi ska se i kväll, är bra? i) Tror du att han kommer/tänker komma till festen på fredag? j) Tycker du att boken, som du har läst, är bra? k) Tror du att hon klarar/kommer att klara examen? l) Tänker du sluta röka? m) Tror du att du får/kommer att få många julklappar?

Lektion 13

1. a) Hon tänker resa till Stockholm. b) Hon tänker resa på fredag eftermiddag. c) Det finns studerande-, pensionärs- och reslustrabatter. d) Hon kan få reslustrabatt. e) Hon kan spara 25%. f) Nej, det gäller inte på fredagar och söndagar. g) Man måste ofta köpa sittplatsbiljett. h) Nej, Katarina måste sitta i rökavdelningen, och hon får ingen reslustrabatt. i) Där finns nittonhundratalskonst. j) Det bärgades 1961. k) Skansen är världens äldsta friluftsmuseum. l) Det finns en djurpark där och många gamla hus från hela Sverige. m) Den ligger på ön som heter Djurgården. n) Staden ligger så vackert vid vattnet. o) Den heter ”Gyllene Freden”.

2. a) En tur och returbiljett till Stockholm, tack. b) När vill du åka? c) Jag tror att jag köper ett reslustkort, eftersom jag inte har någon annan rabatt. d) Man kan tyvärr inte använda reslustkortet i morgon, eftersom det inte gäller på fredagar. e) Nästa lördag gäller samma priser. f) Vet du om de kanske kan komma på lördag? g) Det vet jag inte, eftersom jag inte har sett dem. h) Det är hans nya bil, som vi säkert kan låna. i) Det här tåget/Detta tåg är i Stockholm klockan 20.34. j) Nästa tåg går om en halvtimme. k) Jag kommer med samma tåg som Per.

3. a) samma blå(a) öga b) de här intressanta föreläsningarna/dessa intressanta föreläsningar c) våra nya fönster d) er gamla matta e) samma gröna äpplen f) de här långa resorna/dessa långa resor g) samma korta dagar h) deras trasiga bilar i) mitt lilla barn j) hans svenska familj k) de här dyra presenterna/dessa dyra presenter l) samma gamla film m) min långa semester n) det här långa året/ detta långa år

4a. a) Ditt hus är litet. b) Det nya huset är litet. c) Det lilla nya huset är vackert. d) Detta vackra lilla hus är nytt. e) Det här vackra lilla huset är nytt. f) Ett litet vackert hus är nytt. g) Ditt eget lilla nya hus är vackert. h) Det här/Detta är ditt nya hus. i) Är det alltid samma gamla hus?

4b. a) Era/Deras hus är små. b) De nya husen är små. c) De små nya husen är vackra. d) Dessa vackra små hus är nya. e) De här vackra små husen är nya. f) Två små vackra hus är nya. g) Era/Deras egna små nya hus är vackra. h) Det här/Detta är era/deras nya hus. i) Är det alltid samma gamla hus?

5. *Beispiele:*
a) Hon ringer väl, eftersom hon troligen vill åka hem nu. b) Vi reser förmodligen till Göteborg, eftersom vi troligen tänker gå på Liseberg och roa oss. c) Hon köper säkert en tågbiljett, eftersom hon faktiskt tycker om att åka tåg. d) Ni går sällan på restaurang, eftersom ni inte tycker om att äta ute. e) Hon promenerar alltid i Gamla stan, eftersom hon gärna vill slippa biltrafiken. f) Eftersom vi säkert tänker ge oss ut i skärgården, löser vi väl en biljett till Waxholmsbåtarna. g) Han tittar inte ens på regalskeppet Vasa, eftersom han inte alls är intresserad av gamla fartyg. h) Eftersom man ofta måste ha en sittplatsbiljett, får man tyvärr betala 30 kronor extra. i) Det tycks redan vara fullbokat, eftersom alla naturligtvis ska åka på semester.

6. a) Jag åker till Stockholm i morgon. b) Vi är här nu. c) Vi promenerar/går omkring i parken Haga hela dagen. d) Vi kan åka ut till öarna i Stockholms skärgård över helgen. e) Skeppet kantrade och sjönk i Östersjön år 1628. f) Ska vi gå till Katarina och Patrick i kväll? g) Han bor hos sina föräldrar nu/för tillfället. h) Han åker hemifrån varje dag klockan halv nio. i) Hon sitter ensam hemma hela kvällarna. j) Jag kommer till Sverige igen om ett par år. k) Jag tänker flytta till Australien efter gymnasiet. l) Jag har suttit i bilen (i) fem timmar.

7. a) tjuv och polis b) ebb och flod c) dag och natt d) ut och in e) damer och herrar f) från och till g) fram och tillbaka h) tur och retur i) kvinnor och barn j) unga och gamla k) hit och dit l) här och där m) krona och klave

Die Übersetzungen:
a) ‚Räuber und Gendarm' (wörtl.: Dieb und Polizei) b) Ebbe und Flut c) Tag und Nacht d) (hin-, her-)aus und (hin-, her-)ein e) Damen und Herren f) ab und zu g) auf und ab h) hin und zurück i) Frauen und Kinder j) Jung(e) und Alt(e) k) hin und her l) hier und da m) ‚Kopf und Zahl' (bei Münzen)

8. *Beispiele:*
a) Barnen leker tjuv och polis. b) I Östersjön finns det knappast någon skillnad på ebb och flod. c) Han arbetar både dag och natt. d) Jag har tagit på mig tröjan ut och in. e) På restauranger finns olika toaletter för damer och herrar. f) Jag pluggar franska från och till. g) Han var orolig och gick fram och tillbaka över golvet. h) Jag vill ha en tur och returbiljett till Östersund. i) Först ska man rädda kvinnor och barn. j) Unga och gamla tyckte lika mycket om sångaren. k) Sitt stilla och spring inte hit och dit! l) Nu har jag letat efter min portmonnä både här och där. m) Jag singlar slant. Krona eller klave?

Lektion 14

1. a) arg som ett bi b) flitig som en myra c) hungrig som en varg d) listig som en räv e) stark som en björn f) modig som ett lejon g) hal som en ål h) fattig som en kyrkråtta i) liten som en mus j) envis som en åsna k) klok som en uggla l) rädd som en hare m) smutsig som en gris n) glad som en lärka o) trogen som en hund p) from som ett lamm
2. a) tyngre b) varmare c) kallare d) sämre e) bättre f) mindre g) större h) färre i) fler/a j) värre k) högre l) äldre m) mer/a
3. a) bäst b) längst c) trevligast d) minst e) störst f) mest g) sämst
4. a) högsta b) äldsta c) finaste d) flesta e) längsta f) bästa g) billigaste
5. a) Vilka ropar du på? b) Vem handlar du mat till? c) Vad tittar du på? d) Vad vaknar du av? e) Vad somnar du till? f) Vem kör du till? g) Vem köper du presenter till? h) Vem ska du hälsa från? i) Vem talar du med? j) Vad läser du i? k) Vad åker du med? l) Vad är du intresserad av? m) Vilka hälsar du på? n) Vad lekte du i? o) Vem sätter du dig hos? p) Vem berättar du en saga för? q) Vad går du omkring i? r) Vad kommer de med? s) Vad hör du talas om? t) Vem är flickan förälskad i?
6.

Infinitiv	*Präsens*	*Präteritum*	*Supinum*	*Imperativ*
a) köra	kör	körde	kört	kör
b) sända	sänder	sände	sänt	sänd
c) gifta	gifter	gifte	gift	gift
d) lära	lär	lärde	lärt	lär
e) tåla	tål	tålde	tålt	tål
f) använda	använder	använde	använt	använd
g) känna	känner	kände	känt	känn
h) hyra	hyr	hyrde	hyrt	hyr
i) höra	hör	hörde	hört	hör
j) föra	för	förde	fört	för
k) tända	tänder	tände	tänt	tänd
l) röra	rör	rörde	rört	rör
m) anlända	anländer	anlände	anlänt	anländ
n) hända	händer	hände	hänt	händ
o) tända	tänder	tände	tänt	tänd
p) lyfta	lyfter	lyfte	lyft	lyft
q) förstöra	förstör	förstörde	förstört	förstör
r) beröra	berör	berörde	berört	berör

Abweichende Präsensformen nach langem Vokal und r/l: kör, lär, tål, hyr, hör, för, rör, förstör, berör.
Abweichende Präteritum- und Supinumformen durch Zusammenziehung von stammauslautendem -d/-t und Präteritum-/Supinumendungen: sände/sänt, gifte/gift, använde/använt, kände/känt, tände/tänt, anlände/anlänt, hände/hänt, tände/tänt, lyfte/lyft
Rechtschreibung: nur ein n vor d und t: kände, känt

Lektion 15

1. a) Först vill hon till posten. b) Hon har inte varit i Stockholm på länge. c) Hon frågar en ung man om vägen. d) Hon letar efter hotell Horn. e) De tänker bila dit. f) De ska semestra i en liten stuga, som de har hyrt. g) Bilen behöver en översyn. h) De lämnar in bilen på bilverkstaden. i) Massor. Ljuddämparen är inte bra, kopplingen är sliten och bromsarna är heller inte så bra. j) Man ska kolla kylarvattnet, oljan och lufttrycken i däcken och att bilen inte är sönder. k) Han tycker att den verkar lite sliten. l) Han vill att mekanikern ska kolla kylarvattnet, oljan , lufttrycket i däcken, ljuddämparen, kopplingen och bromsarna. m) Nej, det kan hon inte. n) Det beror på om det behövs några reservdelar till bilen.

2. a) Förlåt/Ursäkta, var ligger närmaste post? b) Jag hittar inte här. c) Strax runt hörnet ligger ett bageri. d) Jag letar efter systembolaget. e) Gå den här gatan rakt fram och till vänster vid nästa hörn. f) Finns det något hotell här i närheten? g) Ja, på Södergatan ligger hotell Horn. h) Hur kommer jag dit? i) Vid trafikljuset tar du till höger. Efter ett kvarter ser du hotellet. j) Jag tror att jag hellre tar bussen. k) Gå/Ta till höger vid den tredje tvärgatan. Där finns en hållplats. l) Kan du lämna in bilen för översyn? m) Jag tror att kopplingen är lite sliten. n) Han sa att du skulle kontrollera/kolla bromsarna också. o) Han undrade, om hon hade kollat/kontrollerat kylarvattnet. p) Man kunde höra att ljuddämparen inte var riktigt bra. q) Jag hoppas verkligen att det inte blir så dyrt. r) Det beror på om vi måste byta ut bromsarna.

3. a) Uno skriver att kursen är svår. b) Ida tycker att pojken är trevlig. c) Hon säger att hennes bil är bra. d) Vi säger att vi har trevliga kamrater. e) De tycker att vädret är fint. f) Eva säger att hon är trött. g) Åke skriver att han studerar franska. h) Uno tycker att flickan är vacker. i) De säger att de är trötta. j) Åke säger att hans bil är ny. k) Pojkarna säger att deras böcker är nya. l) Ni säger att era stolar är gröna. m) Eva skriver att hennes mamma är sjuk. n) De säger att deras hus är nytt. o) Hon säger att hon är sjuk. p) Flickan tycker att hennes nya bok inte är rolig. q) Flickorna tycker att det är kul att gå på bio. r) Maria anser att det är intressant att studera svenska. s) Pelle påstår att det inte är billigt i Tyskland. t) Markus utropar att han tycker att kriminalromaner är spännande. u) Pernilla anser att bilen inte är särskilt dyr. v) Peter säger att det inte finns något intressant på teve. x) Marianne säger att hon inte har några pengar kvar. y) Anders säger att han aldrig har några pengar. z) Evy säger att hon alltid läser romaner på kvällarna.

4. a) La/Lade du vykortet på bordet? b) Nej, jag har inte lagt det på bordet. c) Sålde du bilen? d) Ja, jag har just sålt den. e) Ville du inte se filmen? f) Nej, det har jag aldrig velat! g) Satte han sig på parkbänken? h) Nej, han har inte satt sig än/ännu. (Nej, han har ännu inte satt sig.) i) Visste du att han spelar tennis? j) Ja, det har jag alltid vetat. k) Vad gjorde du egentligen i går? l) Vad har du gjort i dag? m) Sa/Sade du att han hade ringt? n) Jag tror att jag har sagt det.

5. a) katten jamar, spinner eller skjuter rygg
   b) hunden skäller, morrar eller viftar på svansen
   c) hästen gnäggar, skrittar, travar och galopperar

d) kon råmar i ladugården, idisslar och ger mjölk
e) fågeln sjunger, kvittrar eller flyger
f) björnen brummar och går i ide på vintern
g) vargen springer ensam i skogen eller ylar mot månen
h) fisken simmar i vattnet och andas med gälar
i) tuppen gal: Kuckeliku! Klockan är sju!
j) hönan kacklar och lägger ägg
k) grisen grymtar och bökar i jorden med trynet
l) fåret bräker, ger ull och betar gräs på ängen

8. En vägbeskrivning:
Gå den här gatan rakt fram till övergångstället. Där tar du (första tvärgatan) till höger. Gå rakt fram till nästa övergångsställe vid trafikljuset. Där går du över gatan. Gå sedan rakt fram förbi en park på vänster sida. (Gå sedan genom parken.) Till höger ligger en bensinmack. Ta till höger efter parken, så kommer du till hotell Borg. Hotellet ligger på höger sida i det första kvarteret.

Lektion 16

1. a) Hon mådde dåligt. b) Hon hade vilat sig, druckit te med honung och ätit extra mycket C-vitaminer. c) Hon ringde till doktorn, eftersom inga huskurer hjälpte och hon bara mådde sämre och sämre. d) Hon hade halsfluss. e) Ibland tror man att man kommer att bli smittad av de andra i väntrummet. f) Hon hade feber, 38 grader, lite ont i öronen och väldigt ont i halsen. g) Han tittade i halsen och i öronen på henne, kände på hennes lymfkörtlar och lyssnade på hennes lungor. h) Han skrev ut ett recept på penicillin. i) Halsfluss kan ge en hel del följdsjukdomar, om man inte sköter sig ordentligt. j) Nej, det blev hon inte. Hon hade velat se Cullberg-baletten dagen därpå. k) Man betalar en patientavgift.

2. a) Jaha, hur var det här då? (Jaha, hur mår vi i dag då?) b) Jag mår ganska dåligt och har 39,7°C feber. c) Jag tror att jag inte kan gå till arbetet/jobbet i dag. d) Jag tror inte att jag kan gå till arbetet/jobbet i dag. e) Jag har väldigt ont i halsen. f) Jag stannade hemma (i) en vecka, när jag hade halsfluss. g) Krya på dig! h) Jag undrar varför hon inte kommer i dag. i) Hon kommer inte i dag, eftersom hon har huvudvärk/ont i huvudet. j) Vet du om han är hemma i kväll? k) Hon tog inte bilen, eftersom Per hade den. l) Vi kan inte åka, förrän han är färdig.

3. a) Gjorde det mycket ont? - Nej, det var inte så farligt. b) Hur mår du? - Jag mår inte särskilt bra. Jag har influensa. c) Vad är ditt problem? – Jag har huvudvärk. d) Vad har hänt med din hand? – Jag skar mig i handen med en kniv. e) Har du skadat dig i fingret? – Ja, jag har skurit mig i fingret. f) Hur har du det? – Tack, jag har det bara bra. g) Hur är det med Maria? – Det är inte så bra. Hon är mycket förkyld. h) Har du väldigt ont? – Ja, jag vill gärna ha några tabletter mot värken. i) Har du blivit frisk igen? – Nej, jag mår fortfarande ganska dåligt.

4. a) att b) om c) att d) om e) om f) att g) om h) att i) att, att j) om k) att

5a. *Beispiele:*
a) Jag tycker att du ska ta en huvudvärkstablett och vila dig. b) Jag tycker att du ska äta mycket C-vitaminer. c) Jag tycker att du ska dricka te. d) Jag tycker att du ska ta en sömntablett eller tala med någon om dina problem. e) Jag tycker att du ska ta en huvudvärkstablett. f) Jag tycker att du ska ta på dig en varm tröja. g) Jag tycker att du ska ta en halstablett och sedan gå till doktorn. h) Jag tycker att du ska ta en taxi till sjukhuset.

5b. *Beispiele*:
a) Jag tror att du har influensa. b) Jag tror att du är förkyld. c) Jag tror att du har maginfluensa. d) Jag tror att du är deprimerad. e) Jag tror att du har huvudvärk. f) Jag tror att du har feber eller frossa. g) Jag tror att du har halsfluss eller öroninflammation. h) Jag tror att du har stukat eller brutit foten.

6a. a) När hon är sjuk, går hon till doktorn. b) Innan jag äter frukost, duschar jag. c) Medan hon dricker kaffe, läser hon tidningen. d) Tills lektionen börjar, leker de. e) Om du är hungrig, måste du äta upp din spenat. f) Eftersom jag är törstig, vill jag dricka mer. g) Fastän jag tyckte om honom, ringde hon till honom. h) Trots att de bor mitt i centrum, har de två bilar. i) Så att han ska lära sig allt, läser han flitigt. j) Att det var så lätt visste jag.

6b. a) Hon går sällan till doktorn, när hon inte är sjuk. b) Jag duschar alltid, innan jag äter frukost. c) Hon läser ofta tidningen, medan hon dricker kaffe. d) De leker ibland, tills lektionen börjar. e) Du måste inte äta upp din spenat, om du inte är hungrig. f) Jag vill inte dricka mer, eftersom jag inte är törstig. g) Hon ringde alltid till honom, fastän jag inte tyckte om honom. h) De har inte två bilar, trots att de inte bor mitt i centrum. i) Han läser aldrig flitigt, så att han inte ska lära sig allt. j) Jag visste inte att det inte var så lätt.

7.

Infinitiv	*Präsens*	*Präteritum*	*Supinum*
a) bli	blir	blev	blivit
b) be	ber	bad	bett
c) bege	beger	begav	begett/begivit
d) bo	bor	bodde	bott
e) dra	drar	drog	dragit
f) dö	dör	dog	dött
g) få	får	fick	fått
h) förstå	förstår	förstod	förstått
i) ge	ger	gav	gett/givit
j) gå	går	gick	gått
k) ha	har	hade	haft
l) le	ler	log	lett
m) må	mår	mådde	mått
n) nå	når	nådde	nått
o) ro	ror	rodde	rott
p) se	ser	såg	sett
q) slå	slår	slog	slagit

r) stå	står	stod	stått
s) sy	syr	sydde	sytt
t) ta	tar	tog	tagit
u) tro	tror	trodde	trott

8. a) När jag blev sjuk, slog jag numret till min läkare/doktor. b) Jag bad om en tid, eftersom jag inte alls mådde bra. c) Innan jag gav mig iväg, såg jag mig i spegeln. d) Jag tog bussen till honom, eftersom jag inte ville gå till fots. e) Resan tog lång tid, eftersom han bodde ganska långt borta. f) Läkaren trodde att jag hade influensa. g) Han log, medan han gav mig ett recepta. h) När jag hade tagit tabletterna (i) en vecka, blev jag frisk igen.

Lektion 17

1. a) Han reste med Anna och Jens till Lappland och vandrade Kungsleden. b) De började i Abisko, och de kom dit med tåg. c) Man ska ha så lite packning som möjligt, och man ska ta det lugnt. d) Man ska inte lämna något annat än fotspår, och man ska inte ta något annat än fotografier. e) Nej, man kan köpa proviant på flera ställen. f) Det finns t.ex. renar. g) Där växer fjällbjörk.

2. a) Vi kom resande med tåget. b) Vädret var strålande vackert och vi såg fem renar. c) Vi tänkte/ville övernatta i stugor. d) Man bör/borde ha med sig så lite packning som möjligt och köpa proviant/-en i stugorna. e) Det är bäst att ta det lugnt under vandringen. f) Nästa dagstur blir inte så ansträngande. g) Vi såg flygande fåglar, grönskande björkar och betande renar. h) Vi stannade i stugan (i) två nätter och gjorde dagsutflykter. i) Följande dag hade vi en tyngre/mer ansträngande/jobbigare vandring framför oss än (under) föregående dag. j) På en slingrande stig gick det uppför. k) Uppför är det inte så ansträngande/jobbigt som brant nerför. l) Hon har mitt fulla förtroende.

3. a) en fågel, som sjunger b) ett solsken, som strålar c) en människa, som ler d) ett torn, som lutar e) ett erbjudande, som lockar f) en björk, som grönskar g) ett berg, som blånar h) en huvudvärk, som dundrar i) ett barn, som leker j) en ren, som betar k) en stig, som slingrar (sig) l) en journalist, som undersöker (något) m) en kritik, som svider n) ett uttalande, som sårar o) ett skratt, som smittar (av sig)

4. a) en gående man b) ett brinnande ljus c) en levande kyckling d) en skrivande författare e) en tänkande människa f) en läsande publik g) ett flytande skepp h) en gungande båt i) en troende människa j) en sprutande fontän k) ett värkande huvud l) en rullande bil m) en talande tystnad n) en menande blick

5. a) glänsande b) gående c) beteende d) irriterande e) lugnande f) beroende g) förstående h) kokande i) resande j) roende k) förvånande l) beskyddande m) följande n) föregående

6. a) deutschsprechende Menschen b) haarsträubende Erzählungen c) ein Büffet d) ein alleinstehender Elternteil e) ein Erwachsenenstudent f) irreführende Propa-

ganda g) diensthabender Arzt h) gutsitzende Kleider i) eine zeitaufwendige Arbeit j) eine lächerliche Geschichte k) ein schmunzelnder Charmeur l) eine friedliebende Nation m) ein biertrinkender Tourist n) ein furchterregendes Aussehen o) ein ohrenbetäubender Lärm

7. a) att b) - c) - d) att e) - f) - g) att h) att i) -, att j) - k) - l) att m) att n) -, - o) - p) att q) att r) - s) - t) att u) att v) att x) att y) - z) - å) att ä) att ö) att

8. i bilen: en ratt, en koppling, en strålkastare, backspegel, säkerhetsbälten, hjul
   i båten: ett segel, en sextant, en radar, en åra, en flytväst, en kompass
   på apoteket: hostmedicin, huvudvärkstabletter, penicillin, febertermometer, tandkräm, plåster
   i köket: bestick, diskmedel, en frys, ett kylskåp, en spis, en ugn
   trädgården: en gräsklippare, en skottkärra, en räfsa, en blomsterrabatt, en vinbärsbuske, ett fruktträd

9. a) Han undrade, om hans mamma var hemma. b) Han sa att han gav sig iväg. c) Han sa att det blev femtio kronor jämnt. d) Han sa att han inte bad sin bror om hjälp. e) Han sa att de alltid drack te. f) Han sa att han låg i sin säng och drog sig. g) Han undrade, om jag (du) fick tag på dem. h) Han sa att han aldrig flög. i) Han sa att hans lillasyster naturligtvis frös. j) Han sa att han tog sin väska och gick. k) Han sa att hans lektion höll på i 45 minuter. l) Han sa att hans bror och han sällan hann göra sina läxor. m) Han sa att hans katt ofta kom hem sent. n) Han sa att han faktiskt lät sin bror låna bilen. o) Han sa att vi satt här och njöt/att vi satt och njöt här. p) Han sa att solen sken och (att) hans små barn lekte ute.

Lektion 18

1. a) De var misstänkta för narkotikabrott. b) Polisen beslagtog drogerna ecstasy och LSD. c) Orsaken till detta är strejken bland SAS danska kabinpersonal. d) Hon åtalades för att ha svindlat sin arbetsgivare på åtta miljoner kronor. e) Hon jobbade i kosmetikabranschen. f) Det är kanske bättre för barnen. g) De bytte skyltarna på bilarna. h) Det är den äldsta och en av de mest välbevarade boplatser som har hittats under havets yta. i) Nej, katten räddades. j) Den krossade fönsterrutan. k) Man knackade på i området och frågade efter hans mamma. l) Nej, brugden till exempel äter bara plankton. m) Fram på dagen blir det molnigt och mellan tio och sjutton grader i Svealand. n) Det kommer att regna i fjällen och allra längst i norr. o) Det blir mellan fjorton och sjutton grader i Lund och Göteborg, medan Haparanda får åtta till tolv grader.

2. a) Polisen har gripit sjutton ungdomar. b) På festen beslagtogs droger. c) I Danmark strejkar SAS flygpersonal, och därför har nio utrikesflyg ställts in. d) Arbetsgivaren svindlades på tre miljoner kronor. e) Bilarna hyrs, skyltarna byts (ut) och sedan anmäls bilarna som stulna. f) En hungrig rovfågel motades ut ur vardagsrummet. g) Äntligen/Till slut/Slutligen upptäcktes den tvåårige pojken på huvudgatan/huvudleden. h) Man hittade hans mamma på hennes arbetsplats. i) En brugd

har siktats på Sveriges västkust. j) Brugden är världens näststörsta fisk och äter plankton. k) Vädret i dag: Det blir mest molnigt men uppehåll. l) Södra Sverige får tretton till sexton grader.

3. a) Han kan inte andas. b) Jag avundas dig lite grann. c) Fattas (det) någon i dag? d) Det hopppas jag verkligen inte. e) Han har maginfluensa och måste kräkas gång på gång. f) Han låtsas vara sjuk. g) Jag lyckades få teaterbiljetterna. h) Kan du ännu minnas vår första semester? i) Skäms! j) Trivs du bra i den här staden? k) I den här värmen svettas jag. l) Jag törs inte gå hem. m) Då ska man vistas utomhus/ i det fria. n) Umgås du med de här människorna? o) Ja, vi vill åldras tillsammans.

4. a) Den ohövlige mannen knuffas i matkön. b) Storasystern kittlades. c) Bondfångaren lurades. d) Man ska väl inte slåss! e) Är det verkligen tillåtet att sparkas i judo? f) Du nöps, så att jag fick ett blåmärke. g) Pussades den där mannen på kinden? h) Ja, och till avsked kramades han.

5. a) Vi träffades/möttes i stan/staden i går. b) Vi ses på fredag. c) Vi hörs nästa vecka. d) De kysstes framför huset. e) Varför kramas ni alltid? f) Vi måste bestämma en plats, där vi kan träffas/mötas.

6. a) Ytterdörren ska alltid låsas. b) Fridlysta blommor får inte plockas. c) 50 kronor har stulits. d) Pengar kan växlas på posten och på banken. e) Ett nytt varuhus har byggts i centrum. f) Den sjuke mannen har förts till lasarettet. g) Den här handväskan har tappats på gatan. h) En ny president ska väljas i november. i) U-båtar kan ses i Stockholms skärgård. j) I huvudstaden dementeras emellertid dessa påståenden.

7. a) I morgon ställs flera utrikesavgångar in av flygbolaget. b) En intressant artikel publicerades av tidningen. c) Priset mottogs av nobelpristagaren i torsdags. d) Pengarna betalas ut av försäkringen. e) Den nya nationalparken invigdes av ministern i förrgår. f) Ett tal hölls av statsministern. g) Olympiaden hade setts av flera miljoner människor. h) Förra veckan sågs en 12 meter lång fisk av några fiskare på Västkusten.

8. a) Han frågar, om du kommer på besök i dag. b) Du svarar att du gärna kommer. c) Han vill veta, när han kan hämta dig. d) Du undrar, varför han vill hämta dig. e) Jag väntar, medan du lagar maten. f) Innan jag åker till min mamma, ringer jag. g) Vi måste vänta, tills tåget är här. h) Jag går inte, förrän du har berättat allt. i) Han spelar gärna piano, eftersom han älskar musik. j) Fastän han ofta tittar på idrott/sport, hatar han fotboll. k) För att bli klok läser han alla böcker. l) Vännerna, som är här i dag, kommer från Norge.

9. a) Man ska inte sälja skinnet, förrän björnen är skjuten. b) Man ska inte gråta över spilld mjölk. c) Man ska inte köpa grisen i säcken. d) Man ska inte kasta sten, när man sitter i glashus. e) Man ska inte väcka den björn som sover. f) Man ska aldrig säga aldrig. g) Man ska inte kasta pengarna i sjön. h) Man ska inte låta solen gå ner över sin vrede. i) Man ska inte gå över ån efter vatten. j) Man ska inte ropa ”hej”, förrän man är över bäcken.

Lektion 19

1. a) Det är den ljusaste natten på året. b) De har en blomsterkrans i håret. c) Man binder dem oftast själv. d) De har varken öron eller svansar. e) Den är prydd med björklöv och blommor. f) Där finns en stor midsommarstång, och omkring stången blir det ringdans. g) Man firar hemma med några grannar. h) Man har dukat långbord i trädgården, och längs ena husväggen står ett bord med midsommarmaten. i) De sjunger en snapsvisa. Ibland skålar man bara. j) Man äter ofta sill med nypotatis och gräddfil, och till efterrätt äter man ofta jordgubbar med vispgrädde. k) Man kan t.ex. lägga in, grava eller röka fisk. l) Limpor, rosenbröd och knäckebröd. m) Man kan få jordgubbar med vispgrädde. n) Man firar midsommar en gång om året.

2. a) Den 24 juni är det midsommar. b) Det är årets ljusaste natt, och man firar hela dagen till sent på natten. c) Flickorna plockar smörblommor, prästkragar och blåklint och binder kransar. d) Midsommarstången är smyckad med björklöv och blommor. e) Någon spelar dragspel, och alla sjunger och dansar runt omkring midsommarstången. f) I trädgården har man dukat långbord/ett långt bord. g) Det dukade bordet ser festligt ut. h) Det finns rökt ål och inlagd sill. i) Till det äter man nypotatis och grönsallad. j) Till efterrätt blir det nybryggt kaffe och nyplockade jordgubbar. k) De vuxna dricker öl och kryddat brännvin/kryddad snaps. l) Barnen får stanna/vara uppe hur länge de vill/så länge som de vill.

3. a) Väskan är packad. b) Presenterna är köpta. c) Fönstret är putsat. d) Dörren är stängd. e) Barnen är filmade. f) Kakan är delad. g) Gräset är klippt. h) Manuskriptet är bearbetat. i) Maten är lagad. j) Disken är diskad. k) Lägenheten är städad. l) Hallonen är plockade. m) Kläderna är tvättade. n) Kjolen är sydd. o) Fisken är stekt.

4. a) ett bord, som någon har dukat b) ål, som någon har rökt c) lax, som någon har gravat d) ägghalvor, som någon har fyllt e) ost, som någon har lagrat f) gräslök, som någon har klippt g) grönsallad, som någon har blandat h) blommor, som någon har plockat i) kransar, som någon har bundit j) potatis, som någon har skurit k) lök, som någon har skalat l) en form, som någon har smort m) grädde, som någon har vispat n) brännvin, som någon har kryddat o) glas, som någon har fyllt p) en dörr, som någon har stängt q) ett brev, som någon har skrivit r) en gäst, som någon (inte) har bjudit

5. a) en nyöversatt roman b) en nyklippt person c) ett avklarat arbete d) en påklädd person e) hemgjord ost f) en omkörd bil g) nyplockade jordgubbar h) ett hemgjort vin i) nybryggt kaffe j) ett välkänt ansikte k) en omtyckt person l) ett uppskrivet telefonnummer m) en felparkerad bil n) en blomsterklädd midsommarstång o) inlagd sill p) dillkokt potatis q) ett uppskrivet recept

6. a) stulen b) begagnade c) förbjudet d) tillåtet e) förbjuden f) anklagade g) putsade h) försvunnen i) stekta j) avbruten k) antagen l) stekt m) översatta n) hembakat o) stulet p) sålt q) bjudna r) gjord

7. a) Artikeln blir publicerad i flera morgontidningar. b) Sjutton ungdomar blir gripna av polisen. c) Flyget blir inställt på grund av strejken. d) Utställningen blir öppnad av kungen. e) Uppgifterna blir gjorda varje dag. f) Riksdagsvalen blir hållna vart fjärde år. g) Dikterna blir skrivna av en känd författare.

8. a) *preteritum:* publicerades/blev publicerad; *perfekt:* har publicerats/har blivit publicerad; *futurum*: kommer att publiceras/kommer att bli publicerad b) *preteritum:* greps/blev gripna; *perfekt:* har gripits/har blivit gripna; *futurum*: kommer att gripas/ kommer att bli gripna c) *preteritum:* inställdes/blev inställt; *perfekt:* har inställts/har blivit inställt; *futurum:* kommer att inställas/kommer att bli inställt d) *preteritum:* öppnades/blev öppnad; *perfekt:* har öppnats/har blivit öppnad; *futurum:* kommer att öppnas/kommer att bli öppnad e) *preteritum:* gjordes/blev gjorda; *perfekt:* har gjorts/har blivit gjorda; *futurum:* kommer att göras/kommer att bli gjorda f) *preteritum:* hölls/blev hållna; *perfekt:* har hållits/har blivit hållna; *futurum:* kommer att hållas/kommer att bli hållna g) *preteritum:* skrevs/blev skrivna; *perfekt:* har skrivits/har blivit skrivna; *futurum:* kommer att skrivas/kommer att bli skrivna

Lektion 20

1. a) Han gjorde uppehåll i Stockholm, på Gotland och i Kalmar. b) Ja, han tittade på Kalmar slott. c) Han läste en broschyr om slottet. d) Under 1100-talet härjade sjörövare i Östersjön. e) Befolkningen byggde försvarstorn på strategiska och utsatta platser längs den svenska kusten. f) Borgholms slottsruin var ursprungligen ett rundtorn, alltså ett försvarstorn. g) Det är beläget på en udde i Kalmar sund mellan fastlandet och Öland. h) Kalmar sund omtalas för första gången på en runsten från 1000-talet vid Ärja i Södermanland. i) Småland kristnades på 1120-talet, enligt Snorri Sturlusons Kungasagor. j) Det var Magnus Ladulås. k) Hon hette drottning Margareta. l) Hon var hans moster. m) Småland var Sveriges sydligaste landskap, och Kalmar var därför en viktig gränsstad. n) Sverige fick några nya landskap, bland annat Skåne och Blekinge. o) Kalmar var inte längre av någon strategisk betydelse. p) Han föreslog att man skulle riva slottets murar och torn och använda stenen till någonting bättre. q) Restaureringen började i mitten av 1850-talet och pågick till 1939.

2. a) Ska vi stanna till på den här udden mellan fastlandet och Öland? b) Ja, och sedan kan vi göra ett längre uppehåll på västkusten. c) Är det här en plats, som har en lång historia? d) I början av 1300-talet var Kalmar en viktig handels- och hamnstad. e) Under drottning Margareta blev Sverige, Norge och Danmark ett rike i slutet av 1300-talet. f) Vilket landskap var Sveriges sydligaste i slutet av medeltiden? g) Vad var det som biskopen i Kalmar föreslog år 1810? h) Han ville att Kalmar slott skulle rivas ner, så att man kunde använda stenen bättre. i) Lyckligtvis restaurerades slottet i stället.

3. a) Vem var det som skrev ...? b) Vem är det som har vunnit ...? c) Vem var det som gifte sig ...? d) Vem är det som har skrivit ...? e) Vilken akademi är det som delar ut ...? f) Vilken flicka är det som kommer ...? g) Vem är det som har regis-

serat ...? h) Vilken svensk statsminister var det som blev ...? i) Vilket möbelvaruhus var det som grundades ...?

4. a) Det var August Strindberg som skrev .... b) Det är Björn Borg som har vunnit .... c) Det var Silvia Sommerlath (drottning Silvia) som gifte sig .... d) Det är Astrid Lindgren som har skrivit .... e) Det är Svenska akademien som delar ut .... f) Det är Lucia som kommer .... g) Det är Ingmar Bergman som har regisserat .... h) Det var Olof Palme som blev .... i) Det var IKEA som grundades ....

5. a) Var det August Strindberg som skrev ...? b) Är det Björn Borg som har vunnit ...? c) Var det Silvia Sommerlath (drottning Silvia) som gifte sig ...? d) Är det Astrid Lindgren som har skrivit ...? e) Är det Svenska akademien som delar ut ...? f) Är det Lucia som kommer ...? g) Är det Ingmar Bergman som har regisserat ...? h) Var det Olof Palme som blev ...? i) Var det IKEA som grundades ...?

6a. a) Varifrån kom sjörövarna? b) Vad byggde svenskarna längs kusten? c) Vad var Borgholms slottsruin från början? d) Vad omtalas på en runsten från 1000-talet? e) Vad/Vilken blev Sveriges starkaste fästning under medeltiden? f) Vad blev Magnus Ladulås' borg under medeltiden? g) Vilka ingick i Kalmarunionen? h) Vem styrde över tre länder? i) Vad kröntes Erik av Pommern till på Kalmar slott? j) Vad tillhörde Skåne och Blekinge på 1500-talet? k) Vad/Vilket var Sveriges sydligaste landskap? l) Vad kallades Kalmar? m) Vad började man göra i mitten av 1800-talet?

6b. a) Varifrån var det (som) sjörövarna kom? b) Vad var det (som) svenskarna byggde längs kusten? c) Vad var det (som) Borgholms slottsruin var från början? d) Vad är det som omtalas på en runsten från 1000-talet? e) Vad/Vilken var det som blev Sveriges starkaste fästning under medeltiden? f) Vad var det (som) Magnus Ladulås' borg blev under medeltiden? g) Vilka var det som ingick i Kalmarunionen? h) Vem var det som styrde över tre länder? i) Vad var det (som) Erik av Pommern kröntes till på Kalmar slott? j) Vad var det (som) Skåne och Blekinge tillhörde på 1500-talet? k) Vad/Vilket var det som var Sveriges sydligaste landskap? l) Vad var det (som) Kalmar kallades? m) Vad var det (som) man började göra i mitten av 1800-talet?

7. a) klä b) arbeta c) blommar d) sover e) slutar f) kunna g) byggt h) dansa i) dömer

8. a) – Äpplet faller inte långt från trädet.
b) – Ingen rök utan eld.
c) – Lika barn leka bäst.
d) – Tala är silver, tiga är guld.
e) – Inga nyheter är goda nyheter.
f) – Bättre brödlös än rådlös.
g) – Borta bra, hemma bäst.
h) – Kär gäst är alltid välkommen.
i) – Gammal kärlek rostar aldrig.
j) – Rom byggdes inte på en dag.

k) – Tiden läker alla sår.
l) – Den enes död, den andres bröd.

Lektion 21

1. a) Man ville inte utmana ödet. b) Hon var en vacker, naken skogsflicka med ihålig rygg. Hon lockade män att gå vilse. c) Han satt vid ån eller forsen, och han lockade kvinnor till sig i vattendjupet. d) Älvorna dansade på ängen i dimman. e) Trollen rövade bort nyfödda människobarn. f) De ville tysta den förhatliga klockklangen. g) Hett vatten kunde skada alverna. h) Nej, han var mild och vänlig, om man själv var god. Var man själv däremot lat och dum, var hustomten också mest till besvär. i) På midsommaraftonen skulle de plocka sju sorters blommor och hoppa över sju gärdesgårdar. Sedan skulle de lägga blommorna under huvudkudden. I drömmen skulle de sedan se den, som de skulle komma att gifta sig med. j) Det får en kanske att avstå från farliga platser och skadliga handlingar, samtidigt som det får en att känna respekt för naturens makter.

2. a) Förr (i världen) fanns det mycket skrock. b) Man trodde att världen var befolkad med många små och stora övernaturliga väsen. c) Man trodde till exempel på jättar, troll, tomtar och alver. d) För en del väsen måste man ta sig i akt. e) Jättar kastade stenar på kyrkor, och troll rövade bort barn. f) Näcken var en vacker naken man. g) Han bodde/levde vid vattnet, spelade fiol och drog ner kvinnor i djupet. h) En vacker ung flicka lockade männen att följa (efter) henne in i skogen. i) Hon var naken och bara höljd i sitt långa hår, och männen följde henne gärna/följde gärna efter henne. j) Sedan gick de vilse i skogen och hittade aldrig mer hem igen. k) Den här flickan var ingen människa utan Skogsrået. l) En del väsen var också till nytta/nyttiga. m) Om man höll sig väl med tomten, hjälpte han till på gården. n) Man fick inte glömma att ge honom julgröt på julaftonen. o) Om man hällde ut hett vatten på marken, kunde man skada alverna.

3. a) Arga katter får rivet skinn. b) Den som gräver en grop åt andra faller ofta själv däri. c) Många bäckar små blir en stor å. d) Som man bäddar får man ligga. e) Ingen rök utan eld. f) Tomma tunnor bullrar mest. g) Liten tuva stjälper ofta stort lass. h) Det är svårt att lära gamla hundar sitta. i) Bättre en fågel i handen än tio i skogen. j) En svala gör ingen sommar.

4. a) Om du är sjuk, ska du stanna hemma. b) Om du lagar mat i dag, diskar jag efteråt. c) Han har ingen lust att följa med, om vi inte går på teater. d) Vi åker till stan i morgon, om det inte regnar. e) Om han spelar fiol så gudomligt, lyssnar hon som förtrollad på honom. f) Tomten kommer att hjälpa dig, om du är snäll mot honom.

6. Många bäckar små blir en stor å.

Lektion 22

2. a) Urs arbetar på ett stort kemiföretag. b) Han är ofta på affärsresor utomlands/i utlandet. c) Han sköter förhandlingarna med svenska kunder. d) Företagsledningen har vidsträckta affärsförbindelser. e) När man flyger till Stockholm, landar man på Arlanda och tar bussen därifrån till Stockholm. f) På vägen tillbaka tar han svävaren från Malmö till Kastrup. g) Sedan tar han flyget/flygplanet från Köpenhamn till Basel. h) I går kväll var det en stor affärsmiddag för alla anställda. i) Utländska storföretag behärskar snart hela marknaden. j) Ibland måste man satsa på en aggressivare marknadsföring.

3. a) anser b) ankom/anlände c) använda d) avbryta e) avslöja f) avråda g) bestämma h) berätta i) besöka j) betyder k) förlåta l) förkyler m) förstår n) förlorade o) inleda p) inreda q) intog r) upplevt s) uppge t) utsatt u) utbyta v) återkomma x) återse y) överdriv z) överta

4. a) på b) med c) över d) över e) på f) för g) för h) i i) på j) för/över k) för/över l) över m) över n) för

5. a) i b) på c) på, till, i d) över e) på f) för g) till h) I, hos/med, på i) med j) till k) till m) till n) från, till o) om p) om q) från, i r) i, med s) till t) på u) i, för, på v) med, i x) för y) med, i z) till, i å) vid ä) över/för! ö) om

Langenscheidts Praktisches Lehrbuch Schwedisch
von Kerstin Jaktén und Dirk Huth

Bestandteile des Lehrwerks:

Lehrbuch (Best.-Nr. 26301)
2 Begleitkassetten (Best.-Nr. 80431) oder
2 Begleit-CDs (Best.-Nr. 80263)
Schlüssel (Best.-Nr. 26306)

Auflage:	*9.*	*8.*	*7.*	*6.*	*5.*	*Letzte Zahlen*
Jahr:	*2006*	*05*	*04*	*03*	*02*	*maßgeblich*

Druck: Druckhaus Langenscheidt, Berlin-Schöneberg
*Printed in Germany · ISBN 3-468-**26306**-6*